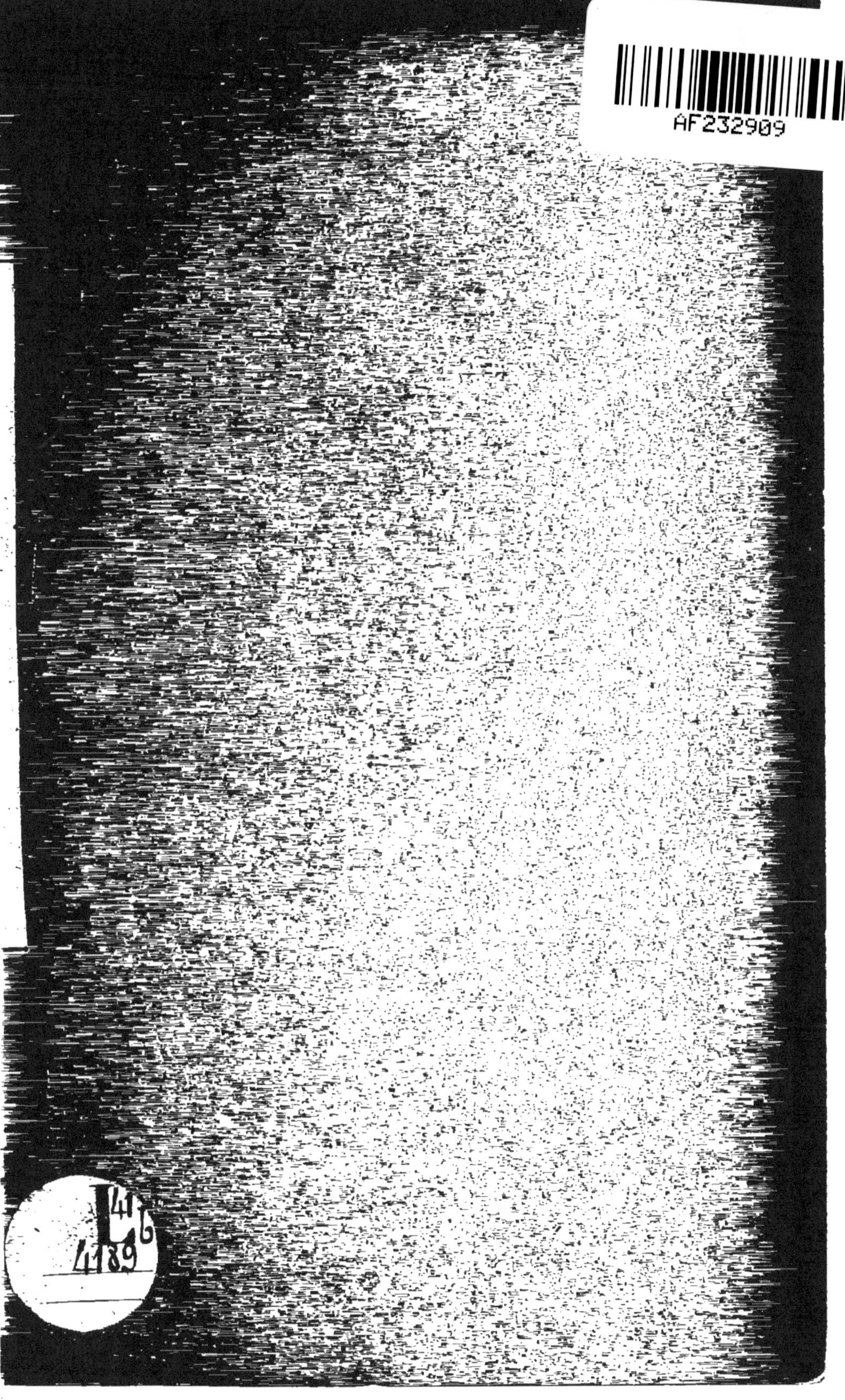

PROCÈS VERBAL

DE LA FÊTE

CÉLÉBRÉE A NAMUR,

Le 30 Frimaire, an 3me. de la République Française, une & indivisible,

A l'occasion de l'installation de l'Administra-tion d'Arrondissement du Pays & ci-devant comté de Namur, en exécution des Arrêtés des Représentans du Peuple en date du 26 Brumaire & 24 Frimaire de cette même année.

LE Citoyen Allard Commissaire Civil pour les opérations dans la Belgique & Pays conquis envi-ronnans, ayant fait annoncer le jour d'hier par la voie d'affiches & le son de la cloche communale, que l'installation de l'Administration d'Arrondissement à Namur auroit lieu ce jourd'hui 30 Frimaire à onze heures du matin, tous les corps Civils & Mi-litaires se sont rendus chez le Général Favreau, qui, saisissant toujours avec avidité ainsi que le Com-missaire Allard, tout ce qui peut tendre à monter l'esprit public, faire aimer la Liberté & donner aux opérations de la République Française ou de ses Représentans, le grand caractere qui leur convient, fit prendre les armes à un détachement de chacun des corps de la garnifon, pour former le cortege qui devoit conduire les nouveaux Adminiftrateurs à la grande Salle des Séances où leur inftallation dèvoit être effectuée.

Tous les corps Civils & Militaires & les diffé-rens détachemens rangés dans l'ordre indiqué par le Général & le Commiffaire Civil, le cortége fe mit en marche au bruit des tambours & au fon d'une mufique guerriere qui faifoit retentir dans les airs les Hymnes civiques fi cheres aux bons Français.

Arrivé à la Salle des Séances, les différens corps & le public étant placés, le Citoyen Allard en fa qualité de Commiffaire Civil de la République Françaife pour les opérations dans la Belgique & Pays conquis environnans, ouvrit la Séance en ces termes „

CITOYENS,

„ Le bien public, follicitait depuis longtems la
„ reforme des abus ; la prife de Maeftricht en con-
„ folidant notre exiftence dans ces contrées, indi-
„ quait de nouvelles mefures pour le bonheur du
„ Peuple.

„ Réunis à leurs collegues envoyés dans les dé-
„ partemens voifins , les Repréfentans de la Na-
„ tion Françaife près les Armées, par Arrêté du
„ 26 Brumaire dernier, ont établi huit Adminiftra-
„ tions d'Arrondiffement fous la furveillance d'une
„ Adminiftration Centrale.

„ Les vices des anciennes Adminiftrations mélange
„ réfultant de la féodalité mourante & du Répu-

,, blicanifme naiffant, exigeoient des Repréfentans
,, du Peuple un examen févère de la conduite politi-
,, que des talens & des vertus des Citoyens auxquels
,, alloient être confiées de nouveau les rênes de
,, l'Adminiftration.

,, C'eft pour cette raifon, qu'un mois s'eft
,, écoulé entre l'arrêté qui ordonne l'établiffement
,, d'une Adminiftration d'Arrondiffement à Namur,
,, & celui qui en nomme les Membres.

,, Mais, quoique les adminiftrés, ayent attendu
,, pendant ce terme l'accompliffement du bienfait
,, que leur promettoit l'arrêté du 26 Brumaire,
,, ils n'auront qu'à fe féliciter de ce retard.

,, La compofition de l'Adminiftration d'Arrondif-
,, fement a été faite avec la réflexion qui imprime
,, le cachet de la fageffe; Elle vous préfente des
,, Français & des Belges qui, par leur accord dans
,, leurs opérations, par l'unité de leurs opinions,
,, vous donneront l'idée & l'exemple de l'accord
,, & de l'union qui doivent rapprocher de plus en
,, plus les Belges & les Français ; des Citoyens
,, probes & éclairés qui n'auront d'autres mefures
,, que la loi & la juftice, dévoués à l'intérêt com-
,, mun & qui, pour n'en être jamais détournée,
,, ont fait le facrifice de leur intérêt perfonel.

,, Vous, Citoyens Adminiftrateurs, dont je viens
,, d'efquiffer les portraits, vous qui avez fixé le
,, choix des Repréfentans du Peuple, vous fentez
,, le defir brulant de répondre à leurs intentions
,, bienfaifantes !

,, Les fonctions que vous allez exercer appellent
,, fur vous la confiance publique & tout affure que
,, vous en ferez d'abord inveftis.

,, Au centre de votre Adminiſtration, ſoïez comme
,, l'abeille utile & infatigable, elle travaille pour
,, la République ſans s'inquieter des frélons mal-
,, faiſans, pareſſeux, & jaloux qui bourdonnent au-
,, tour de ſa ruche ; combattez comme elle tous
,, les ennemis de la ſociété, comme elle, vous
,, ſortirez toujours vainqueurs des combats.

,, Occupez-vous du ſoin ſi doux de développer
,, & de propager les grands principes de Liberté
,, & de Fraternité ; ce langage plaira toujours aux
,, hommes, il trouvera le chemin de leur cœur,
,, & vous leur ferez aimer le gouvernement po-
,, pulaire que nous nous ſommes donnés & qui
,, n'a beſoin d'autres preuves de ſa perfection que
,, les efforts des tyrans, coaliſés pour nous en ra-
,, vir les fruits.

,, Mais ils ſeront vains, leurs efforts, le deſtin
,, a prononcé leur arrêt !

,, La France a voulu être libre, elle a briſé
,, ſes fers ! elle veut reſter libre, elle a des bras
,, & fabrique dans dix mille atteliers, du Salpêtre,
,, des canons & des bayonettes, les forges même
,, de la Belgique projettent des globes qui vont,
,, auſſi vite que l'éclair, porter aux tyrans l'aſſu-
,, rance de notre conſtante réſolution & donner la
,, mort à leurs ſattelites.

,, Tandis que nos armées ſvictorieuſes aſſurent
,, notre liberté contre les ennemis du dehors,
,, c'eſt aux Adminiſtrations à aſſurer le bonheur &
,, la paix au dedans ; c'eſt à elles à ſeconder les
,, grandes meſures que prennent la Convention Na-
,, tionale & les Repréſentans du Peuple, envoyés
,, près les Armées & dans les départemens pour
,, la proſpérité publique en donnant à l'Agricul-

„ ture & aux Arts les encouragemens qu'ils mé-
„ ritent.

„ Adminiſtrateurs que vos mains ſoient toujours
„ prêtes à répandre des bienfaits, ſur les hommes
„ qui cultivent la terre & ſur ceux qui par leur
„ induſtrie fourniſſent à tous les beſoins de la ſo-
„ ciété. La nature feconde a favoriſé l'Arrondif-
„ fement que vous allez adminiſtrer ſon ſol répond
„ aux ſoins & aux vœux du laboureur ; il renferme
„ dans ſon ſein des mines d'une grande richeſſe :
„ il a des fabriques importantes ; il eſt traverſé de
„ rivieres navigables, hériſſé de forets & couvert
„ d'habitans paiſibles, laborieux & ſobres. Quel
„ beau champ pour votre Adminiſtration ! Com-
„ bien il vous préſente de moyens de la faire
„ bénir.

„ Comme les guerriers, vous aurez vos ſuccès ;
„ mais comme eux auſſi, vous aurez des com-
„ bats à livrer. Le crime va faire la guerre à la
„ vertu ; les malveillans, les traitres, les fripons,
„ les agioteurs, tous les vampires de la fortune
„ publique ſe tiennent ſous les armes. Pourſuivez
„ cette horde impie, faiſiſſez-la d'une main ſûre,
„ livrez à la vengeance des loix ce reſte impur
„ de l'eſprit des tyrans, & comme nos Phalanges
„ victorieuſes, vous aurez bien mérité de la Pa-
„ trie „.

Ce diſcours a été couvert de plus vifs applau-
diſſements, & les cris de vive la République, vive
la Convention Nationale, ſe ſont fait entendre de
toutes parts.

Un ſilence impoſant ayant ſuccedé à cet enthou-
ſiaſme ſublime, le Citoyen Allard prononça la for-
mule du ſerment préſcrit en pareil cas, en ces

termes. ,, Vous jurez d'être fidèles à la Nation
,, Française, de maintenir de tous vos moyens
,, l'unité, l'indivisibilité de la République, de dé-
,, fendre de tout votre pouvoir la Liberté & l'Ega-
,, lité & de remplir les fonctions respectives qui
,, vous font confiées avec zèle & impartialité & de
,, mourir à votre poste en le défendant ,, & tous
les Membres dirent, *je le jure.*

Le Citoyen Crombet préfident d'âge, après que
la musique eut exécuté des fanfares civiques, prononça le discours suivant, qui fut très-applaudi.

CITOYENS!

,, Vous avez été témoins des victoires de la
,, République, vous êtes encore témoins & en
,, même - tems l'objet de sa générofité, chaque
,, jour vous annonce de nouveaux actes de la fol-
,, licitude des Représentans du Peuple qui tendent
,, à affermir notre Bonheur & l'organifation des
,, Adminiftrations d'Arrondiffement dont ils fe font
,, occupés, prouve combien ils font attentif à faire
,, mettre de l'ordre dans toutes les affaires, à écar-
,, ter les injuftices & à donner des moyens au
,, Peuple pour faire réparer celles qui pourroient
,, avoir été commifes à fon égard.

,, C'eft en vain que les agitateurs cherchent à
,, vous inquieter, tantôt fur vos fubfiftances, tan-
,, tôt fur la valeur de la monnoie Républicaine,
,, tantôt fur votre Liberté de confcience, fi vous
,, avez été dupes de leurs infinuations perfides, fi
,, plufieurs le font encore, les faits & les événe-
,, mens futurs ne tarderont pas à vous faire rou-
,, gir de vos erreurs & déteſter ceux qui vous au-
,, ront trompés.

,, Je me réfume ; que vous dit-on des fubfiftau-
,, ces ? qu'elles s'épuifent par les réquifitions ? fon-
,, gez , Citoyens qu'il faut pourvoir aux befoins
,, d'une Armée innombrable qui a brifé vos chai-
,, nes, & qui a des titres bien acquis pour parta-
,, ger avec vous les dons de la nature ; fongez que
,, les Repréfentans du Peuple & les Adminiftra-
,, tions s'occupent nuit & jour des moyens de rem-
,, plir, autant qu'il eft néceffaire , les vuides qui
,, fe forment dans vos greniers ; & feriez vous
,, affez injufte que de croire que ceux qui verfent
,, leur fang pour votre Liberté & pour votre bon-
,, heur voudroient vous affamer ?

,, Que vous-dit-on des affignats ? Que le papier
,, ne vaut pas l'argent ? Mais combien de fois n'a-
,, vez vous pas donné votre argent pour des bil-
,, lets de banque, pour des lettres de change qui
,, n'étoient pas hypothêquée , comme la monnoie
,, Républicaine ? Si vous avez été trompés fur la
,, valeur de ce papier monnoie, vous l'avez été
,, par vos ennemis , vous l'avez été à votre détri-
,, ment : car vous devez attendre tous les mal-
,, heurs poffibles de la différence que vous ferez
,, entre le papier & le métal ; je ne veux pas vous
,, parler des peines qui font réfervées aux infrac-
,, teurs des loix ; mais je veux vous parler de l'a-
,, néantiffement du commerce , de la ruine des
,, familles , du defordre dans toutes les affaires ,
,, de la difette de toutes efpeces de denrées ; voilà les
,, maux incalculables que vous éprouverez infailli-
,, blement , fi vous n'ouvrez les yeux à la vérité.

,, Que vous-dit-on de la Liberté de confcience ?
,, Que l'ancien culte eft fupprimé ? Mais n'avez
,, vous jamais vû les arrêtés des Repréfentans du
,, Peuple qui en affurent la Liberté ?

„ Et pourroient-on vous alleguer un seul fait
„ qui soit contraire à leurs promesses?

„ Citoyens, est-ce que vos oreilles seront tou-
„ jours ouvertes à la calomnie ? Ne distinguerez-
„ vous jamais le fourbe de l'homme vrai & vertu-
„ eux? Serez-vous toujours le jouet de ces hypo-
„ crites audacieux qui, sous le masque de la piété,
„ vous repaissent d'absurdités & d'extravagances ?

„ Non, Citoyens, la raison suit la Liberté &
„ le bonheur suit la raison: les chaines qui vous
„ empêchaient de jouir de cette Liberté précieuse
„ sont rompues : si l'habitude de les porter vous
„ tient encore dans une espece d'engourdissement,
„ la lumière de la raison qui brille sur notre ho-
„ rison l'aura bientôt dissipé; c'est alors que vous
„ penserez, c'est alors que vous sentirez la diffé-
„ rence qui existe entre la vérité & le préjugé;
„ c'est alors que vous reconnoitrez les imposteurs
„ dont vous avez été les victimes; enfin c'est alors
„ que vous serez heureux en jouissant de tous les
„ droits de l'homme.

„ Citoyens ! l'Administration fera tous ses efforts
„ pour correspondre aux vues bienfaisantes de la
„ Nation qui veut cette félicité & qui veut vous
„ en rendre dignes : elle sera secondée dans ses
„ travaux par les principaux Agens de la Répu-
„ blique qui lui montrent l'exemple & par une
„ Municipalité qui a déja donné des marques non-
„ équivoques de son zèle & du civisme le plus pûr.

„ Pour parvenir à ce but desiré ; nous aurons
„ toujours les loix & l'exemple des Français de-
„ vant les yeux : marchez sur leurs traces, encou-
„ ragez les vertus & les hommes vertueux, faire
„ guerre éternelle aux méchans , aux fourbes , aux
„ aristocrates; voilà notre plan. „

Auffi-tôt après l'Agent National de l'Adminiftration ayant demandé & obtenu la parole, dit :

CITOYENS Adminiftrateurs !

,, Si les Repréfentans du Peuple Français **en**
,, remettant entre nos mains les rênes d'une Ad-
,, miniftration importante, viennent de nous donner
,, une preuve éclatante de leur confiance , nous
,, devons la juftifier aux yeux de nos adminiftrés,
,, par des efforts fans ceffe renaiffans, par un zèle
,, fans bornes dans l'accompliffement de nos devoirs,
,, par notre attention foutenue à faire exécuter les
,, loix & les arrêtés de maniere à provoquer **la**
,, réconnoiffance des habitans de cette contrée ,
,, pour un Peuple bon & généreux qui, en com-
,, battant avec tant de courage les tyrans de la
,, terre ligué contre fa Liberté , prépare & cimente
,, de fon fang celle de tous les peuples.

,, Quelle eft grande & belle la tâche qui nous
,, eft impofée ! plus nous aurons d'épines à arra-
,, cher, d'obftacles à vaincre, de difficultés à fur-
,, monter, plus nous devons déployer de caurage
,, & d'énergie , redoubler de foins. & de follici-
,, tude. Ah ! combien on fent fon ame s'aggran-
,, dir quand on fe pénetre du bonheur d'être de
,, quelqu'utilité à fa patrie & que loin de fe pré-
,, valoir de fes fervices, on fe dit comme Timo-
,, leon le libérateur de Corinthe.

. . . . *L'état ne nous doit rien.*
Mais nous lui devons tout : vertus, talens, fortune
Tout en nous appartient à la mere commune :
Si nous comptons un jour nul pour la Liberté
Nous lui volons le bien qu'elle nous a prêté.

,, Pénetrés de cette vérité gravée en traits de
,, feu dans le cœur de tout vrai Républicain, nous

„ ofons efperer de répondre à la confiance dont
„ nous fommes inveflis; oui, Citoyens, freres &
„ amis , nous veillerons conftamment à écarter
„ de notre Adminiftration, les abus & les vexa-
„ tions d'un régime defpotique & oppreffeur; nous
„ ne fouffrirons jamais qu'ils foit impunément porté
„ atteinte aux loix & aux méfures falutaires pre-
„ fcrites par les Repréfentans , nous aurons fans
„ relache les yeux ouverts fur la perception des
„ déniers publics & leur emploi dans toutes les
„ différentes parties du fervice, nous volerons au
„ devant de l'indigent en le faifant jouir promp-
„ tement des bienfaits que la Nation Françaife lui
„ prodigue fi généreufement : nous déjouerons les
„ projets perfides de ces charlatans de toutes cou-
„ leurs, de ces agioteurs qui fpéculent fans ceffe
„ avec le froid d'un égoifme barbare fur la fortune
„ publique & font tourner toutes les circonftan-
„ ces à leur profit fingulier , nous accorderons au
„ Commerce, à l'Agriculture, aux Sciences & aux
„ Arts, toutes la protection & les encouragemens
„ qu'ils ont droit d'attendre d'une Adminiftration
„ dont les membres ne veulent être heureux que
„ du bonheur du Peuple.

„ La confervation des propriétés publiques, la
„ fureté des perfonnes & de leurs biens , attire-
„ ront fans ceffe notre follicitude , enfin c'eft par
„ le développement des principes qui font le bon-
„ heur de la fociété que nous voulons attaquer de
„ funeftes préjugés , fous l'empire defquels ce
„ pays dont la profpérité nous occupera tout en-
„ tier, eft encore courbé, préjugés qui heurtent
„ de front la raifon & bleffent la Liberté & l'E-
„ galité.

„ Telle eft, Citoyens, la ferme réfolution de
„ l'Adminiftration, tel eft & tel fera toujours l'ef-

,, fet du Serment augufte & facrée , qu'en ma
,, qualité particuliere d'Agent National je viens de
,, prêter en votre préfence, il ne fera pas vain ce
,, ferment , un vrai Républicain ne fauroit être
,, parjure.

,, Mais freres & amis, fi vos Adminiftrateurs
,, ont une tâche penible & glorieufe à remplir ,
,, vous avez de votre coté des devoirs importans
,, à obferver que vous ne pourriez fouler aux pieds,
,, fans vous rendre coupables , fans troubler l'or-
,, dre public , fans détruire l'harmonie de la fo-
,, ciété & fans attirer fur vos têtes la vengeance
,, des loix.

,, Ces devoirs facrés font une entiere fomiffion
,, aux loix du gouvernement, aux actes émanés de
,, toutes les autorités légalement & graduellement
,, conftituées ; le refpect que vous devez aux fonc-
,, tions publiques & une confiance fans bornes
,, dans ceux qui les exercent.

,, Fuyez , Citoyens, fuyez donc à l'avenir les
,, hommes pervers qui par des infinuations perfi-
,, des & artificieufes cherchent à vous égarer & qui
,, par de faux bruits répandus pour fervir leur in-
,, fatiable cupidité , cherchent à difcréditer les af-
,, fignats ; les triomphes des Républicains Français,
,, leur courage indomptable , leur induftrie ingé-
,, nieufe & féconde, leurs facrifices de tout genre,
,, leur patience héoroïque , leur amour pour la
,, vertu, leur raifon , les feront jouir des bien-
,, faits qu'ils attendent de la Liberté contre le
,, rocher de laquelle tous les trônes ébranlés vien-
,, dront enfin fe brifer.

,, Vive la République, vive la Convention, vive
,, la Liberté, l'Egalité. ,,

Son discours excita les plus vifs applaudissemens & les voûtes de la salle retentirent des cris de vive la République Française, vive la Convention, vivent la Liberté & l'Egalité, ainsi que des airs chéris de la Liberté.

Le Citoyen Maurissens, Maire de la commune de Namur ayant ensuite demandé & obtenu la parole, prononça au nom de la Municipalité le discours suivant „

CITOYENS Administrateurs !

„ C'est dans cette même enceinte que des hom-
„ mes qui se disoient nos Représentans, nos Ad-
„ ministrateurs, fécondés par la longue série des
„ forfaits du despotisme rivaient les chaines dont
„ ils croiaient nous serrer à jamais; c'est ici que
„ des nobles & des prêtres usurpaient le nom sa-
„ crée du Peuple pour donner à des tyrans héré-
„ ditaires d'Autriche des subsides monstrueux pris
„ sur les sueurs du cultivateur ; c'est ici en un
„ mot que se méditaient les projets liberticides
„ d'affermir de plus en plus le trône des césars
„ sur la masse des calamités publiques.

„ Nous ne l'avons senti que trop, ô mes Con-
„ citoyens, cette influence féodale & sacerdotale
„ dans notre ancienne Administration : Vous vou-
„ liez la Liberté, mais les monstres qui vous la
„ promettoient ne vouloient vous faire briser un
„ sceptre que pour y substituer la verge plus dure
„ encore de l'aristo-theocratie ; il vous ont aban-
„ donné lâchement, ils vous ont même fait con-
„ duire à la boucherie par des généraux qu'ils vous
„ avoient donné & qui étoient aussi traitres qu'eux:
„ & pendant que le sang de nos frères couloit à
„ la trop fatale journée du 22 Septembre 1790,

,, ils traitoient avec vos tyrans pour affurer leur
,, tranquillité aux dépens de votre bonheur. Quelle
,, différence de pofition aujourd'hui ! les Français
,, de qui nous n'avions pas le droit d'attendre
,, des bienfaits , ne femblent occupés que de nous
,, en prodiguer : peu contents de fceller de leur
,, fang la Liberté de l'Europe, peu contents d'en
,, aller arrofer les rives du Rhin, ils fongent à
,, votre Adminiftration intérieure, ils veuillent que
,, des hommes moraux , inveftis de la confiance
,, publique , mettent vos fortunes à l'abri de la
,, déprédation, & ce font ces hommes qu'ils vous
,, donnent aujourd'hui pour Adminiftrateurs.

,, Recevez Citoyens Adminiftrateurs, lexpreffion
,, de notre fatisfaction , vous marcherez fans doute
,, toujours fur la grande ligne de la Révolution
,, Françaife, & vous trouverez dans la Municipa-
,, lité de Namur des amis & des frères qui con-
,, noiffent que la fubordination & la co-rélation
,, des devoirs eft le feul moyen de faire le bien.
,, Nous vous jurons que nous le ferons de con-
,, cert; guerre aux factieux, aux intriguants, aux
,, fripons, aux agioteurs, aux égoiftes. Vive la
,, République, vive la Convention.

Les vérités contenues dans ce difcours ont été
couverts des plus vifs applaudiffemens & la mufique ayant exécuté différens morceaux, l'Adminiftration s'eft auffi-tôt mife en Séance publique pour
déliberer fur plufieurs objets importans, après avoir
annoncé à fes Adminiftrés que la fête civique qui
venoit d'avoir lieu feroit terminé par un Bal gratis.

Ainfi fait en la falle des Séances de l'Adminiftration de l'Arrondiffement du Pays & ci-devant
comté de Namur, les jour, mois & an que deffus
préfens les Citoyens Allard commiffaire civil , Fa-

vereaux Général de division Commandant à Namur,
& Arrondiſſement, Crombet préſident, Tarte, Sluys,
Akermann . Quevreux . Adminiſtrateurs , Fliniaux
Agent national. Mauriſſens Maire de Namur, Louis
Haut , Baſtin l'aîné , Stapleaux , Le Doux , Deſchamps , Helſen Lemielle & Zonde officiers Mu-
nicipaux, Martin Agent National & Marchot fai-
ſant les fonctions de Secrétaire proviſoire de l'Adminiſtration.

Le Commiſſaire Civil Allard , Le Général de
diviſion Favereau . Hourier Commiſſaire Ordonna-
teur, Crombet Préſident, J. C. Sluys , Tarte ,
Akermann fils, Quevreux , Fliniaux Agent Natio-
nal. Mauriſſens Maire , Stapleaux officier Munici-
pal C. Baſtin officier Municipal, A. Zonde . H. J.
Lemielle officier Municipal . J. B. Bouillot dit Le
Doux officier Municipal , Louis D. Haut Officier
Municipal Helſen Deſchamps officier Municipal ;
R. J. Martin Agent National près la Municipalité
& P. C. Marchot Secrétaire proviſoire.